LETTRE

au futur

PRÉSIDENT DE LA RÉPUBLIQUE

PAR

ÉMILE LAMBERT,

Auteur des *Moyens pratiques d'organiser le Travail*, etc.

> Un homme est bien peu de chose pendant une
> révolution qui remue les masses ; le mouvement
> l'entraîne ou l'abandonne ; il faut qu'il précède
> ou qu'il succombe.
> MIGNET.

Deuxième édition populaire à 10,000 exemplaires.

PRIX : 20 CENTIMES.

PARIS,

CHEZ MOREAU, LIBRAIRE,

199, Galerie Valois, Palais-National.

1848.

LETTRE

PRÉSIDENT DE LA RÉPUBLIQUE

Je ne sais, citoyen, si vous serez une plume illustre, une épée glorieuse, une parole éloquente ou bien seulement un grand nom d'autant plus lourd à porter qu'il aurait des siècles pour cortège ou de prodigieux souvenirs pour auréole !

J'ignore si vous devez être un souvenir, une espérance, ou simplement un citoyen n'ayant pour tout mérite que l'élection, et pour seule distinction à de libres suffrages que ses vertus et son génie ?

Quoiqu'il arrive, quelque soient les desseins de Dieu et les destinées de la France, le missionnaire ne pourra changer la mission, et les grands devoirs du président de la République française sont indépendants des individualités qu'ils dominent, et s'ils découlent des droits solennels que la constitution mettra dans ses mains puissantes, ces devoirs découlent aussi et surtout de la nature du génie national de la France, de sa mission civilisatrice à travers les siècles, de ses traditions sans cesse progressives de religion, de générosité et d'honneur, et enfin de nos trois grandes et diverses révolutions : de 1789, qui écrasa sous la logique et noya dans le sang *deux ordres* privilégiés le clergé et la noblesse, de 1830 qui constitua la victoire du tiers-état qui de *rien* devint *tout*, et de 1848 qui salué par l'Europe et à bon droit comme une révolution sociale, est appelé à faire l'unité dans la France et dans le monde, et à substituer au tiers-état, dans la conquête des droits, de l'instruction, de la dignité et du bien-être, ce quelque chose de touchant, de pauvre, de sublime, de souffrant et de formidable qui comprend tous les citoyens dans l'universalité de la justice et du droit, et qu'on appelle le *peuple !*

Ce sont ces grands et magnifiques devoirs issus de la marche supérieure et providentielle des évènements qu'il importe d'indiquer, selon notre cœur et notre faiblesse, à celui qui le premier, sera appelé, par le vote universel, à organiser, aux acclamations des peuples libres, le gouvernement et l'action d'une république invincible, tant qu'elle restera sur-le large et fertile terrain de la démocratie, c'est-à-dire de l'égalité en mouvement.

Nous sommes arrivés à une époque décisive où toute équivoque serait mortelle, tout malentendu terrible, et si la philosophie habite des régions trop élevées pour que la civilisation y marche, elle est néanmoins l'étoile polaire que les sociétés ne sauraient abandonner du regard sans retomber à l'instant dans la barbarie et dans le chaos.... Après la lutte de l'homme contre la nature a commencé la lutte de l'homme contre l'homme, c'est-à-dire contre les formes diverses de sociétés qui se sont successivement substituées à l'état sauvage et barbare.

Cette lutte séculaire a son unité. Elle change de lieux et de noms, elle ne change pas d'essence. Elle atteste la fatalité des choses et la liberté humaine, elle témoigne des misères et des progrès de la civilisation, et en nous prouvant qu'en nous *rien n'est absolu*, ni le bien, ni le mal, cette lutte éternelle et sublime nous donne la juste mesure de notre grandeur, nous apprend que la vie est un combat, nous enseigne la patience dans le mouvement, l'amélioration dans la durée et le courage désintéressé des victoires de l'avenir !

Là seulement est la moralité des douleurs et des travaux de l'espèce humaine. Les individus passent, les peuples restent, ou si les peuples s'effacent au toucher des siècles, l'humanité reste debout et féconde de nouveaux empires. Mais qu'il y a-t-il réellement sous ces vastes agrégations d'hommes et de choses, sous ces magnificences de la colonisation, de la conquête, de la liberté et du despotisme ? il n'y a, je le répète, que la lutte du faible contre le fort, ou la victoire momentanée et impie du fort sur le faible.

En Asie, la société est la lutte régularisée de l'homme libre contre l'homme esclave. Le climat et les institutions de la ruse ont tellement favorisé la violence, que c'est la majorité ignorante et avilie qui obéit, et la cruelle minorité qui commande et frémit d'aise et d'orgueil dans le régime impie de ses énervantes débauches.

En Europe, les sociétés ont reçu la sévère empreinte du christianisme, la lutte est régulière aussi, mais elle est plus digne. L'homme n'y est pas nourri dans les souillures et les hontes d'un esclavage normal, mais il y est délaissé dans l'isolement de la faim, fille du chômage, et dans la cruelle dignité de sa misère vagabonde.

A l'un, la société asiatique crie : tu es à moi, tu me dois tout !

A l'autre, la société Européenne dit : tu appartiens au hasard.... je ne te connais pas !

Chez les Musulmans, l'esclavage est la garantie d'un travail forcé.

Chez les Chrétiens, la liberté est une chance de mourir de faim, et le travail même mal salarié est un privilége !

Or, si le christianisme a anéanti l'esclavage, c'est à la politique, c'est à la science des réalisations progressives à détruire le prolétariat et à associer équitablement et humainement l'homme à l'homme; car la lutte est le contraire de la société, et pour cette croisade de liberté vraie, de religieuse assistance et d'égalité émancipatrice devant la vie, c'est encore vers la France que se tourne le monde, et c'est d'elle, de son génie et non de son épée que les opprimés attendent encore le salut et la délivrance. En effet, quel a été le rôle de la France? Voyons son passé, il nous dira sans doute le mot d'ordre du présent et le secret puissant de son avenir.

Avant d'indiquer un but à un peuple, il faut sonder sa vocation.

« Le Français du XIXᵉ siècle (écrivions-nous au mois d'août 1841, dans le *Courrier Français*), a retenu les traits distinctifs de sa physionomie primitive. La race gauloise, l'origine celtique apparaissent sous le sang germain et sous le sang de Rome. Fils altier des Cévennes, des Alpes et des Pyrénées, sous la greffe de la nationalité germanique et de la civilisation romaine, il a conservé jusqu'à nos jours un esprit aventureux et ami des choses extraordinaires, une certaine passion indéfinissable pour les combats et le mouvement, une allure franche et dégagée qui rappelle la vie indépendante et nomade de ses ancêtres, et qui devait le rendre admirablement apte à s'assimiler les idées des autres peuples, ou à propager et à répandre les siennes dans le monde. Ne reconnaissez-vous pas à toutes les époques, sous toutes les transformations sociales, ce caractère d'une intrépidité téméraire, cette volonté mobile et invincible qui fit répondre à ce Brennus des premiers temps : *qu'il ne craignait que la chûte du ciel!*

N'est-ce pas un Gaulois irrité qui lance contre la nue, séjour de Teutatès, sa lourde francisque ou sa flèche acérée?.... *Née d'un acte de foi* sur le champ de bataille de Tolbiac, la France a toujours vécu, a toujours péri généreusement pour la défense d'une immortelle idée, l'idée du droit. C'est en effet Charlemagne qui promulgua, partout où il avait planté son épée, les *Capitulaires*, ce premier code de l'affranchissement chrétien.

L'islamisme menace-t-il les Gaules de ses superstitions fanatiques, de son despotisme oriental, de sa mollesse, de sa férocité et de son fatalisme désespérant, c'est le peuple français qui l'arrête et qui le repousse. Un cri s'élève de la Terre-Sainte; des steppes de la Palestine un pauvre ermite vient raconter à un pape les outrages faits au nom chrétien; qui s'élance à la conquête du tombeau de Jésus-Christ, conquête aventureuse, mais spiritualiste et libérale s'il en fut jamais, entraînant l'Europe à sa suite? c'est encore la France, toujours la France!

Plus tard, l'ère de l'inspiration religieuse et populaire, une fois fermée, le siècle du raisonnement, de l'examen, de la renaissance des lettres et des arts commence; la France doute avec le sceptique Montaigne, rit avec le facétieux Rabelais, chante avec le facile Marot, et combat gaîment et follement avec le chevaleresque François Ier. Depuis lors le caractère français s'est impatronisé partout; il a semé ses grâces, sa bravoure et sa politesse en Allemagne, en Italie, en Espagne, et jusqu'en Asie; il en a rapporté l'esprit de controverse et la philosophie, le sentiment du beau dans les arts, l'amour du merveilleux, des sciences et des découvertes, et une réputation d'universalité qui lui appartient réellement...... Après Louis XIII, Louis XIV et Louis XV (Richelieu, Colbert et Dubois), l'heure de l'émancipation populaire approche : le Français libertin qui avait tous les vices de l'homme du monde aura bientôt toutes les vertus du citoyen; ce noble déshonoré et perdu de dettes, va s'anoblir et se régénérer en faisant cause commune avec la nation; le baptême de l'opinion publique est le sacre des tribuns et ces démocrates ; il y soumettra sa tête pour la relever radieuse et purifiée ! — Quel orage a passé dans l'âme de la France ; voyez cette multitude en haillons qui *n'a pas vendu sa constitution pour du pain*, car elle est affamée et elle réclame les droits de l'homme ; elle met les trônes en interdit, les rois à l'index, les suspects à mort, l'Europe en alarmes, et chante le *ça ira* au pied de l'échafaud royal dans les convulsions de la licence et dans les orgies de la force, obéissant plus encore aux complots de l'ambition qu'à la fatalité de son destin......... Pensez-vous qu'après tant de secousses, de fatigues et de dangers, le Français regarde sa tâche accomplie et qu'il se repose ?.... Voyez ce jeune Corse, au front vaste et pâle, à la figure maigre, au regard aigu, français par le cœur et par le génie, savez-vous ce qu'il fait sur ce cheval que presse son éperon impatient ? il rêve l'empire du monde ; il passe les Alpes et sème dans sa course victorieuse des républiques italiennes ; il mène à sa suite la gloire et la liberté ; il ne rapportera dans son pays que la gloire ; mais symbole puissant de la nationalité française, il sera grand, courageux, téméraire, humain dans sa force ; il donnera aux peuples l'hospitalité de la conquête ; il aura des égards pour les rois vaincus ; il laissera tomber les pleurs d'Alexandre sur les nations et sur les reines détrônées. Positif et chevaleresque tout à la fois, être contradictoire à force de grandeur, il mettra la vivacité à la place de l'espace ; il ne comptera pas les hommes mais les minutes ; il sera confiant et magnanime, et il se repentira à peine, dans les douleurs de son dernier exil, de s'être embarqué sur le *Bellérophon* et d'avoir été trahi à la face du monde, par la foi punique de l'Angleterre !.....

Depuis lors les événements ont marché plus vite encore que le temps, nous avons adoré la force, la gloire, le repos, l'argent et la liberté. Tout a été mêlé, confondu, usé ; mais ce qui ne s'altérera jamais en France, c'est l'esprit malin, pétillant, jovial, et presque universel, répandu dans la classe moyenne et dans le peuple ; ce sont ces démonstrations sympathiques de la jeunesse, pleine d'un noble élan ; ces efforts persévérants et parfois aveugles pour réaliser une société et des institutions meilleures ; ce dévoûment à la liberté et cette foi ardente dans l'avenir qui est la religion des masses, comme elle est le rêve et la force des hommes de génie !.... En thèse générale, l'esprit français

n'est pas exclusivement pratique comme l'esprit anglais, n exclusivement théorique comme l'esprit allemand ; il est tout à
la fois pratique et spéculatif. Le Français ne manque ni de bon
sens ni d'enthousiasme, mais il pousse l'enthousiasme jusqu'à
l'engoûment ; il peut devenir aussi facilement industriel qu'il a
été guerrier, mais il redeviendra aussi facilement guerrier, par-
ce qu'il est inconstant de sa nature. C'est enfin, le plus merveilleux, le plus adroit, le plus héroïque ouvrier de la civilisation moderne ; en un mot, c'est le premier soldat et le premier
missionnaire du monde ! »

Avec un tel peuple, citoyen Président, rien de ce qui est
grand, humain et généreux n'est impossible. Si la France est
appelée ou provoquée, elle recommencera le cycle de ses victoires ; si la Providence lui commande la paix, elle fera des
merveilles sur le champ de bataille industriel et social. C'est à
vous, citoyen Président, à lui abréger le chemin qui doit la
conduire à ses destinées.

Oui... la France est encore le premier soldat et le premier
missionnaire du monde ?

Mais le caractère de sa mission éternelle a changé de forme.

Sous les Mérovingiens, la barbarie détruit le vieil empire
romain et laboure de l'épée une terre païenne, imbibée du sang,
des sueurs et des larmes des vaincus.

Sous les Carlovingiens, le barbare défend le christianisme,
le propage par la conquête, se civilise en civilisant les peupla-
des errantes à travers l'Europe, et fonde l'empire d'Allemagne.

La race des Capétiens apparaît, d'abord elle fixe au sein du
pays la féodalité qui attache l'homme à la terre, elle fonde une
France matérielle ; ensuite le mouvement religieux et spiritualiste des croisades l'emporte au dehors de ses créneaux et de
ses donjons, et donne ainsi à la papauté et au peuple l'occasion
de dominer et d'apparaître ; puis la réformation du XVIᵉ siècle
corrige les abus du clergé, limite sa puissance, sépare l'église
d'avec l'État, et, après 30 ans de guerre et d'extermination, la
liberté de conscience et la raison triomphent, et la civilisation
brille de tout l'éclat des lettres et des arts renaissants. Enfin,
après un glorieux travail de centralisation monarchique suivi
d'excès, de hontes, de souillures et de revers, la race Capétienne
abâtardie monte à l'échafaud du 21 janvier et s'éteint dans la

prison du Temple. — L'heure des grandes épreuves est arrivée.
— Vous savez le reste. — Révolution, république, empire, res-
tauration, 1830 et 1848 ! Maintenant, je ne sais plus où sont
les Capétiens ni les Bourbons... mais je sais que la France
triomphant des factions et survivant aux orages, est à la veille
de grandir, et je vais essayer de tracer la *forme nouvelle* de sa
mission de progrès et de liberté dans le monde.

Après avoir appartenu à la force, à la théocratie, au despotisme, aux divers systèmes de république monarchique, aristo-
cratique, oligarchique, ou de monarchie constitutionnelle, la
société appartient enfin à la justice. — C'est du moins sa raison
d'être en France, et c'est désormais du côté du droit que se
rangera la majorité. La démocratie a commencé résolument sa
marche, les débris du passé peuvent encore l'entraver et la re-
tarder, mais l'arrêter... jamais.

Cependant le travail humain n'est pas achevé, les efforts or-
ganiques datent d'hier; accomplis sans désintéressement et
sans unité, ils ont donné la mesure de l'impuissance des hommes, mais ils ne sauraient prescrire les principes ni déplacer
les questions. Il est évident pour tout le monde que de politique la lutte est devenue sociale, et que l'immense majorité
des hommes de nos jours s'est avisée de croire qu'elle avait le
droit de vivre en travaillant, et de revendiquer ce droit en dépit
des royautés, des égoïsmes et des sophismes de toute sorte. Si
même la classe de ceux qui possèdent un capital, c'est-à-dire
des instruments de travail, venait à nier le droit du plus grand
nombre, le droit de ne pas mourir sur une terre qui pour être
une *patrie* doit être une *nourrice*, cette classe serait anéantie
par la force des choses et l'heureuse fatalité des événements;
mais cette classe en France que l'on nomme la riche bourgeoisie est bien éloignée de se croire seule digne de la vie, et
elle est décidée à tous les nobles sacrifices nécessaires à l'ex-
tinction de la misère et de l'ignorance, mères de tous les cri-
mes.

Ces sacrifices, c'est à la religion et à la justice à les conseil-
ler, à la loi à les formuler, au temps à en montrer les salutaires
conséquences au point de vue des intérêts généraux. — Le président de la république et l'assemblée nationale, émanant tous
deux du suffrage universel amélioré par l'exercice, compren-

dront sans doute que le progrès régulier de la société française est attaché à cette haute mission d'équité et de dévoûment.

Il est inutile, citoyen Président, de détourner les yeux du danger social. Le courage philosophique est la vérité, le courage civil est la prévoyance dans l'action, et les flatteries de la plume et de la parole ne serviraient qu'à nous avilir, sans sauver la république, qui ne peut avoir de nos jours à redouter que le Suicide.

Le duel de la république fédérative et de la république unitaire est fini, la charette lugubre des Girondins a traîné à leur tour les Montagnards au supplice. La mort a fait justice des erreurs généreuses et des implacables violences, et le cœur de la France, sinon son esprit, est du côté des vaincus. — Mais le duel du prolétariat et de la propriété a succédé aux luttes sanglantes, et ce duel ne peut cesser que par l'association et l'exercice pratique du principe de la solidarité humaine.

Ceci posé, il nous reste à voir, en dehors des utopies et des rêves, dans quelle mesure la Constitution démocratique de la France actuelle est apte à seconder l'avenir de la propriété individuelle et sociale qui, reliant le travail au capital et tous à chacun, doit fermer le gouffre des révolutions modernes. Il ne faut pas s'effrayer d'un problème, il faut s'occuper à le résoudre, et dire que le *dernier mot de la république est le communisme*, c'est ne pas comprendre qu'il y a un abîme entre l'égalité absolue du salaire préconisée par le citoyen Louis Blanc et l'inégalité extrême qui existe (de par la concurrence) dans la répartition du capital et du travail. Une bonne république peut et doit être riche, elle ne détruira pas la faculté de devenir honnêtement millionnaire, mais elle abolira la nécessité pour l'ouvrier d'aller mourir à l'hôpital. Elle substituera le droit au travail à la faculté de l'aumône, la dignité de l'homme à son ombre. Une bonne et sage république tendra constamment à moraliser les masses en les éclairant, à les organiser pour la production et la richesse, et pour la défense sacrée du sol national ou du principe démocratique en Europe.

Pour cette grande œuvre, il faut : l'éducation primaire gratuite, le suffrage universel, la liberté communale, c'est-à-dire la commune s'administrant elle-même dans le cercle tracé par la constitution. — En un mot :

La décentralisation administrative ; — la centralisation politique ; — une assemblée unique, mais modérée par les propres *vétos* suspensifs de son réglement ; — un président triennal ; — une armée démocratique et nationale proportionnée aux armées des peuples voisins ; — une banque nationale de crédit pour le travail industriel et agricole ; car c'est de l'agriculture que doit venir surtout le salut du pays ; — des lois seulement *répressives* ; —l'amovibilité partout, mais sous la tutelle de *jurés* choisis dans toutes les catégories et toutes les spécialités, et de façon que le citoyen soit déplacé seulement par un jugement.

Expliquons bien notre pensée. — Pour bien gouverner un pays libre, ou plutôt pour qu'un pays libre se gouverne bien lui-même (et c'est là la République), il faut l'exercice du suffrage universel pratiqué réellement au chef-lieu d'arrondissement et non aveuglément et au hasard au chef-lieu de département.

La première condition pour choisir un représentant, c'est de le connaître ou au moins de l'av ir vu et entendu parler dix minutes. Il faut donc adapter le suffrage universel au bon sens. Il faut l'éducation primaire et professionnelle, *universelle et gratuite*. Il faut que la liberté des cultes existe, mais soit sévèrement surveillée à raison des immenses abus qui peuvent en découler, tant que l'ignorance des campagnes tiendra la porte ouverte à l'intrigue, à la superstition et au fanatisme ! le grand champ de Dieu (en dehors de la conscience) doit être borné par la loi, mais la loi s'élargit sans cesse avec l'éducation qui sera la seule loi spirituelle de l'avenir. Il faut que la magistrature ait aussi l'honneur d'être élective pour quatre ans au moins, et qu'aucune destitution de fonctionnaire public ne puisse avoir lieu qu'à la suite d'un jugement et non d'un caprice ministériel. Il faut un président triennal élu par toute la nation. Il faut une assemblée unique, mais modérée par les contrepoids d'un règlement organique propre à la sauver de ses propres excès et de la *précipitation*, fille de la violence et de la peur qui porte à la cruauté et enfante les catastrophes politiques. Il faudrait, par exemple, qu'une loi ne devint loi qu'après un second vote à 15 jours d'intervalle, ou que toute loi fut précédée des *trois lectures*, comme en Angleterre.

Hors de là, il n'y a qu'une sorte de chaos législatif en mou vement, et les actes précipités et violents de la Convention, cette assemblée unique qui jeta dans le monde tant de vérités nouvelles et salutaires, n'intéresseront jamais ni mon cœur ni ma raison de républicain.

Il faut pour tenir en équilibre l'ordre et la liberté, avoir une solde, une paye uniforme pour toute l'armée, et de plus s'appliquer à créer en vue de l'avenir, une armée citoyenne et démocratique, tout à la fois guerrière et productive, qui, attachant le soldat au pays par la propriété ou du moins par un salaire équivalent à celui de l'ouvrier, fasse de l'état militaire une profession, une véritable et utile fonction sociale et jamais un instrument de tyrannie. Que l'armée française n'oublie pas que le soldat romain bâtissait d'une main des monuments impérissables, et de l'autre, saisissait le monde conquis.

La vraie gloire c'est l'utilité permanente du citoyen.

Il faut pour le commerce et l'industrie, non des comptoirs d'escompte soumis à l'influence des banquiers, mais au contraire faisant concurrence aux banquiers pour le bon marché de l'escompte, et ramenant, par des prêts collectifs et directs faits à l'industrie, la circulation de l'argent et le mouvement des affaires ; en outre, comme il est évident que les signes représentatifs de la valeur ne suffisent pas aux transactions sociales, il conviendrait de créer deux ou trois milliards de billets hypothécaires dont le principe est accepté par tous les bons esprits. Avec une vaste circulation, un vaste crédit, un esprit véritable d'association, l'Etat, bientôt, ne serait plus forcé d'attirer à lui et de gérer les grandes branches d'industrie et d'assurer le service public et du travail aux masses, par le monopole et l'accaparement successif des grandes industries. Mais, de deux choses l'une, il faut que l'industrie privée nourrisse le peuple ou que l'Etat s'en charge. Il n'y a pas de milieu : la vie est sacrée. En présence du papier-monnaie anglais, américain, russe et allemand, il n'y a plus à hésiter. Les assignats de 93 reposaient sur la spoliation, le papier-monnaie reposera sur la propriété librement offerte, et sera limité par elle. — Il faut que la France fasse banqueroute pour obéir aux intérêts caducs et au système ignare de quelques banquiers, ou qu'elle imite l'Europe, chargé de boussole financière, et sauve la propriété et la famille en sauvant son honneur.

Je terminerai la série de ces détails techniques par deux importantes observations sur *l'administration communale* et sur la *centralisation politique*. La France a tant souffert et souffre encore tellement du faux système de concentration et d'engorgement que l'on confond avec une harmonieuse unité, qu'il est utile de définir ce que nous entendons par là :

Pour bien administrer il faut bien connaître. Or, il n'y a que le pouvoir local qui connaisse bien, et qui, par conséquent, puisse bien administrer. Sans détruire aucunement la bonne centralisation politique, on devrait réduire la centralisation administrative dans de justes bornes. À l'exemple de la Prusse et de la Belgique, le *sous-préfet* chez nous, par exemple, nommé par le gouvernement, devrait être chargé, sous la direction du préfet et du conseil de préfecture, de surveiller, dans chaque arrondissement l'administration des communes rurales et des petites villes, et de veiller au maintien des lois et à l'exécution des résolutions prises par le conseil départemental ou général. — A la différence du sous-préfet de France, le sous-préfet belge n'administre pas, sauf dans des cas exceptionnels. *C'est un agent de surveillance pour l'exécution des lois et des règlements généraux qui doit en outre faire connaître aux autorités supérieures les besoins de son arrondissement.* Ainsi le système municipal belge, sans nuire à la centralisation, est beaucoup plus rapproché du gouvernement républicain que notre système municipal actuel. La commune belge a une vie propre et un mouvement spontané, la commune française ne peut agir sans une impulsion supérieure, et elle végète dans une tutelle exagérée et contraire à l'éducation et à la pratique de la liberté.

Cette question de liberté communale est si grave, elle choque tellement les hommes qui ont voyagé et admiré le système municipal des peuples voisins, que je crois devoir mentionner ici l'opinion de l'illustre fondateur du droit administratif en France, M. Cormenin.

Après avoir sainement apprécié tous les bienfaits d'une forte et majestueuse centralisation politique, il ajoute : que l'autorité » centrale soit plutôt de surveillance que de coaction ! Qu'elle réprime plutôt qu'elle n'ordonne ! qu'elle retienne plutôt qu'elle » ne pousse ! qu'elle empêche de faire ce qui est mal plutôt qu'elle » ne contraigne à faire ce qui serait bien. Usons de notre principe

» n'en abusons pas. *Centralisons les grandes affaires ; décentralisons
» les petites.* Emanciper par degrés la gestion patrimoniale des
» communes ; ne pas laisser les encaissements de fonds sans ap-
» plication ou sans intérêts ; simplifier les doubles emplois et di-
» minuer les rouages trop compliqués ; paperasser moins, ne pas
» tant prodiguer les autorisations venues du centre, les circulaires
» ambitieuses et inintelligibles, les formalités d'apparat, les devis
» artistiques, les constructions plus monumentales qu'utiles, les
» accumulations de détails, les aller et retour sans but, et les
» pertes de temps ; administrer plus que délibérer, et inspecter
» plus encore qu'administrer ; lier, de personne à personne, les
» rapports des supérieurs avec leurs inférieurs ; s'expliquer ver-
» balement et se faire comprendre plutôt que d'écrire et de
» n'être pas compris ; guider et pousser devant soi sans qu'on
» s'en aperçoive, plutôt que de tirer rudement après soi, et
» persuader plutôt que de commander.

» Tel est, envers les communes, sans abandon de son prin-
» cipe, le devoir intelligent de la centralisation. »

Ainsi compris, ainsi pratiqué, citoyen Président, le pouvoir
administratif serait vivace sans être oppressif, et il aurait une
base réellement démocratique et républicaine.

Le premier consul disait un jour au Conseil d'Etat : « Je vois
» bien un pouvoir législatif et administratif, mais le reste de la
» nation, qu'est-ce? des grains de sable... Il faut jeter dans le
» sol des blocs de granit sur lesquels nous élèverons notre nou-
» veau système. »

Eh bien ! ces grains de sable, il faut les agréger, les réunir,
les *associer*, et en faire le ciment de ces grandes institutions de
commerce et d'industrie, de ces nouvelles corporations de tra-
vailleurs disciplinés qui sont appelés à remplacer les jurandes
et les maîtrises du régime féodal-monarchique, et à contre-
balancer, dans le budget républicain, les armées improductives
encore nécessaires au maintien de l'indépendance nationale et
au triomphe du principe démocratique en Europe.

Le travail supérieur du législateur est de lier sans cesse, dans
sa pensée sage et prévoyante, le présent avec l'avenir, le réali-
sable avec le désirable, le possible avec l'idéal ; — car M. Emile
Barrault l'a fort bien dit dans sa lettre à M. Thiers : « La terre
» à terre n'est pas le domaine officiel de l'esprit pratique, la

» grande politique n'est que la mise en œuvre d'une grande
» pensée, — pensez petitement, vos actes seront petits. »

En effet, peut-on rester accroupi dans l'individualisme, et
rêver et vouloir de grandes associations? — Peut-on n'aimer
que soi-même et penser au peuple qui souffre? — Peut-on dans
un cœur sec, étroit, insensible, trouver de la place pour y
mettre le grand amour de l'humanité qui est un sublime mé-
lange de patriotisme et de religion, et qui seul peut nous inspi-
rer virtuellement la volonté et la persévérance des grandes
choses!

Or, pour faire un bloc unitaire et solide de tous les grains
de poussière du sol divisé, de l'administration multiple et
juxta-posée, de la concurrence ennemie et aveugle de la
France, il n'y a pas d'autre moyen, citoyen Président, que d'o-
béir au sublime mouvement de 1848 et d'émanciper le travail
en l'organisant au point de vue de la production et de l'humanité.

Laissez crier les égoïsmes, laissez la peur nier le progrès, laissez les lâchetés de la veille devenir les courages éphémères du
lendemain, laissez une minorité absurde et repue, vous répéter
que (hors d'elle), la vie et le travail sont des impossibilités. —
Répondez bien haut, que vous ne voulez pas reculer d'un demi-
siècle, et que pour vous l'avenir n'a pas de terreurs! — Allez
en avant, marchez sur ces misères et sur ces fantômes, la main
sur votre grand cœur, les yeux sur l'éternelle et radieuse étoile
de la France, et vous serez digne de votre illustre piédestal populaire; — fils du suffrage universel, vous ne devez songer qu'au
bonheur du plus grand nombre et à la reconnaissance du pays et de
la postérité! 1789 proclama les principes, 1848 organisera les intérêts, c'est-à-dire les rapports du capital, du travail et du ta-
lent; et si l'on a pu, dans la sphère morale, établir les bases
et régulariser l'action de la religion et de la justice, il sera as-
surément plus facile d'organiser le travail dans la sphère matérielle.

On doit pouvoir régulariser les intérêts avec plus de préci-
sion que les idées.

Comme vous le voyez, citoyen Président, le problème de la
lutte antique de l'homme contre l'homme, ne peut être résolu
que par le principe de *l'association*; plus l'association sera équi-

table plus la solution approchera. Après avoir vaincu le vieil antagonisme des races, des religions et des gouvernements, il nous reste à faire cesser la lutte de la faim contre la satiété. Le but de cette lutte est sacré, puisqu'il tient à la vie elle-même, et que le code des hommes s'allie à l'Evangile pour en détruire successivement les apretés, les douleurs et les désespoirs.

En deux mots, vous devez le comprendre à la hauteur où vous êtes, et d'où vous dominez sur la société Française; toute la politique se résume aujourd'hui en deux questions formidadables et fatales : la guerre du riche et du pauvre à l'intérieur, la guerre des peuples et des rois en Europe. En d'autres termes, l'antagonisme de la bourgeoisie et du prolétariat, le duel de la liberté et du despotisme. Ces deux questions posées par le progrès des temps, n'effrayeront ni ne décourageront votre grande âme.

Le danger prévu devient la victoire de la prudence, et il n'y a que l'inconnu qui trouble les sociétés.

A ces maux contemporains il y a deux remèdes : les lumières et les libertés publiques. Si vous éteignez les lumières, vous vous aveuglez; si vous essayez d'emmailloter les libertés, vous arrêtez le chêne populaire dans sa légitime croissance. — C'est un jeu étrange et surhumain que Dieu même ne se permet pas.

Mais, non, j'en suis sûr, vous laisserez grandir la France et vous grandirez à son image. En vous assimilant à elle, la république vous a fait un de ces honneurs qui comblent la vie d'un homme. Avec la sensibilité qui fait la vertu, et le jugement qui fait le succès, nos destinées seront vastes et prospères.

Inspirez, citoyen Président, inspirez de plus en plus à notre France renouvelée l'amour, la passion de l'humanité, le dévoûment; et ce noble pays de l'unité politique, religieuse et aujourd'hui philosophique et sociale, deviendra, par l'établissement d'une république sage, honnête et magnanime, le modèle et le spectacle du genre humain !

E. LAMBERT,
Candidat à l'Assemblée Nationale.

Imprimerie de BUREAU et Comp., rue Coquillière, 22.

Ouvrages de M. Emile LAMBERT.

HISTOIRE DES HISTOIRES, tableau de la civilisation asiatique, 1 fort volume de 500 pages, in-8.   5 fr.

REVUE NATIONALE, questions économiques et politiques,
1 volume, grand in-8°.   5 fr.

DISCOURS SUR L'ÉLOQUENCE, in-8°.   1 fr.

MOYENS PRATIQUES D'ORGANISER LE TRAVAIL, grand
in-18.   30 c.

SOUS PRESSE :

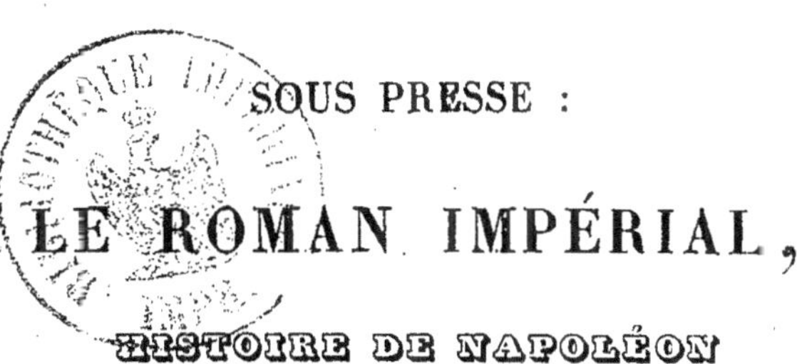

LE ROMAN IMPÉRIAL,

HISTOIRE DE NAPOLÉON

Par Emile LAMBERT.

Imprimerie de BUREAU et Comp., rue Coquillière, 22.